¿Para qué bailamos, papá?

POR EL DR. INTERGALÁCTICO

EDICIÓN DE ALYSSA HARDEN

IMÁGENES DE VISOEALE

AD ASTRA MEDIA, LLC • VIRGINIA

www.adastrasteammedia.com

ISBN: 978-1-0880-6576-1
IMPRESIÓN: PUBLICADO INDEPENDIENTEMENTE

Derechos de autor © 2021 Ad Astra Media, LLC. Todos los derechos reservados. Publicado independientemente en Estados Unidos por Ad Astra Media, LLC y José Morey.

¿Para qué bailamos, papá?
¿De qué sirve?

El baile es para mí
¡Y para ti también!

El baile es para todos,
y cada uno de nosotros

No importa si eres inglés, irlandés, nativo, chino o búlgaro

Bailamos para sonreír, ejercitarnos
y celebrar los logros
Puedes bailar brincando o
¡gi... gi... girando!

Bailamos para divertirnos con nuestras hijas e hijos

Bailamos cuando nos sentimos tristes
Puedes bailar descalzo
o con zapatos elegantes

Bailamos para celebrar

Puedes bailar en casa y en cualquier ocasión

Podemos empezar o terminar
una aventura bailando
Bailamos para sanar hasta los
corazones rotos

Puedes bailar para decir lo siento
o mostrar aprecio
Puedes bailar en tu coche, en la escuela
o en el trabajo, en cualquier civilización

Bailar te puede ayudar a aprender matemáticas y volver a tu cuerpo fuerte
Puedes bailar por trabajo o solo por tener un hobby divertido

Algunos bailes pueden ser difíciles de aprender y hay que esforzarse mucho Pero si solo te quieres divertir, ¡puedes bailar frenéticamente!

Bailar es para todos,
es algo que hacemos todos
Bailar es para niños pequeños
y hombres adultos también

Los bailarines de ballet pueden ser mujeres u hombres Y otros tienen un poco de cada uno; déjame decirte de nuevo:

Bailar es una ventana hacia nuestro verdadero yo, ya sea él, ella o nosotros

Bailar es para todos, sin importar nuestras habilidades o edad
Bailar es para guerreros valientes y para los niños que actúan en escenarios

Bailar es para soldados, doctores y reyes
Se puede bailar en silencio
o mientras alguien canta

Algunos bailes son elegantes como
el mambo y el tango
Algunos bailes son tontorrones y los puedes
hacer mientras comes mangos

"¿Tienen que ser mangos, mamá?
No, tontín, pueden ser Phalsas
¡pero mientras las comas quiero verte bailando salsa!

En todos lados todo mundo sabe cómo bailar
Sobrepasa al lenguaje en cualquier circunstancia

Algunos bailes son viejos, incluso antiguos
Se hicieron para hacer cultos y entretenernos

Así que te pregunto, pequeño,
¿Para qué bailamos, de qué sirve?

Bailar es para niños pequeños como yo, papá
Y bailar es para ti

Bailar es mi forma de hablar,
la forma más honesta de hacerlo
Bailo desde el corazón y
es mi forma de decir "te amo"

Bailar es para mí

Ad Astra Media, LLC es una empresa latina de productos multimedia y entretenimiento educativo de S.T.E.A.M. que busca renovar la fe en los hechos y la razón y ayudar a las comunidades minoritarias y desatendidas al proporcionarles modelos ejemplares dentro de la ciencia, la tecnología, la ingeniería el arte y las matemáticas (S.T.E.A.M.) a los que puedan aspirar. Somos un equipo formado por personas con experiencia en la producción de medios y TV, quienes gestionan desde servicios de televisión tradicionales en inglés y español hasta los principales servicios de streaming y estudios cinematográficos. Tenemos memorandos de entendimiento con estudios de animación digital respaldados por la Space Foundation, la cual ha trabajado con Disney y Pixar.

Mira la colección completa de las diferentes series multilingües para niños de S.T.E.A.M, del Dr. Intergaláctico,

Buenas noches, pequeño astronauta

¿Para qué son las lágrimas, mamá?

Buenas noches, pequeño doctor

Buenas noches, pequeño astrónomo

Buenas noches, pequeño veterinario

Buenas noches, pequeño ingeniero

Buenas noches, pequeño científico ambiental

¿Para qué bailamos, papá?